실력 탄탄 일본어

임태균 · 이시윤 · 아이자와 유카 공저

신아사

머리말

일본은 한국인들이 가장 많이 찾는 해외 여행지 1순위로 손꼽힐 정도로 인기 있는 여행지입니다. 지리적 접근성과 문화적인 유사성 등이 그 주요원인이라고 할 수 있는데, 각 지역별로 다양한 특색을 지닌 여러 도시들의 자연경관과 문화유산 등은 관광객들의 눈길을 사로잡기에 충분합니다. 또한 일본은 직장인 및 구직자들의 해외취업 선호국가 중 단연 1순위로 손꼽히는 나라이기도 합니다.

다양한 이유와 경로로 일본어를 접하는 인구가 늘어나고 있는 요즘, 일본어 관련 교재 역시 시중에 많이 나와 있습니다. 하지만 본문 내용이나 문법설명, 문형연습 등 기존의 획일적인 구성과 내용에서 벗어난 차별화된 교재는 찾아보기 힘든 것이 사실입니다.

외국어를 배우는 가장 큰 목적은 무엇보다도 외국어에 의한 커뮤니케이션 능력을 갖추기 위한 것이라 할 수 있습니다. 이 교재는 일본어의 문자와 발음을 비롯해 기초적 수준의 일본어 커뮤니케이션 능력을 구사할 수 있도록 구성된 최적의 어학 교재라 자부합니다.

이 책은 기초적인 수준의 일본어 문법과 문자, 의사표현을 익힌 학습자를 대상으로 다양한 일본어 어휘와 문법, 회화체 문장 연습을 통해 실력을 탄탄하게 다져나가도록 하는 데 그 특징이 있습니다.

책의 내용은 '기초탄탄일본어'에서 한 단계 발전하여 동사의 구분과 활용을 중심으로 한 다양한 문법사항과 문형 연습을 통한 일본어 회화 능력 향상을 목표로 하였습니다. 각 과의 구성은 한줄포인트, 기본회화, 문법익히기, 연습문제 및 일본문화소개 코너의 순서로 되어 있습니다. 특히 한줄포인트를 통해 각 과의 중심 문형을 미리 익히도록 함으로써 핵심문장 이해에 도움이 되도록 하였습니다. 또한 각 과에 마련된 문법익히기 코너에서는 복잡한 설명을 지양하고 학습자의 입장에서 최대한 이해하기 쉬운 설명방식을 취하였습니다. 한편 연습문제를 통해 문법과 문형에 대한 이해도를 높일 뿐 아니라, 일본문화소개 코너를 통해 일본 문화와 관련된 기초지식을 이해하도록 하였습니다.

아무쪼록 이 책으로 일본어의 실력을 탄탄하게 닦아 여러분이 원하는 계획대로 좋은 결실을 맺기를 기대합니다.

실력탄탄일본어 저자일동

목 차

1과 お祭りは とても 楽しかったです …… 7

2과 毎朝 6時ごろ 起きます …… 17

3과 部屋に パソコンが あります …… 25

4과 7時に 朝ご飯を 食べました …… 33

5과 来年 また 海に 行きたいです …… 43

6과 今朝から のどが 痛いんです …… 51

7과 一緒に 映画を 見ませんか …… 59

8과 本を 読んで、レポートを 書きます …… 67

9과 コンビニで 買い物を して います …… 75

10과 ここで 写真を 撮っても いいですか …… 83

11과 浴衣を 着た ことが ありますか …… 91

12과 公園を 歩いたり、山に 登ったり します …… 99

	학 습 내 용	일본문화 소개
1과	①い형용사의 과거형 ②な형용사, 명사의 과거형 ③요일	야마노테선 주변 관광지
2과	①동사의 기본형 분류 ②긍정 정중 표현 : -ます형 ③부정 정중 표현 : -ません형	테마파크
3과	①위치 명사 ②존재 동사 : あります · います ③조수사	라멘
4과	①과거 정중 표현 : -ました ②과거 정중 부정 표현 : -ませんでした ③-に(-하러) ④월, 날짜	오사카관광
5과	①희망표현 I : -たい ②희망표현 II : -が ほしい ③의문사+か, 의문사+も ④때를 나타내는 표현	일본전통놀이 켄다마
6과	①설명요구 : –んです ②–から(-때문에) ③–ながら(-면서)	다도
7과	①권유 표현 I : -ませんか ②권유 표현 II : -ましょう ③권유 표현III : -ましょうか ④기본형+ことです(-하는 것입니다)	료칸
8과	①-て형 ②-て의 여러 가지 용법 ③-て ください(-해 주십시오)	일본 전통공예
9과	①-ています(-하고 있습니다) ②まだ -て いません(아직 –하지 않았습니다)	일식-와쇼쿠
10과	①허가 표현 : -ても いいですか ②금지 표현 : -ては いけません ③완료 표현 : -て しまいました ④기본형+ことが できます(-할 수 있습니다) ⑤조사 정리	오미야게 문화
11과	①-た형(과거형) ②-た ことが あります(-한 적이 있습니다) ③동사 기본형/명사+の 前に ④동사 기본형/명사+の 後で	유카타
12과	①-たり -たり します(-하거나 –하거나 합니다) ②た ばかりです(막 –했습니다) ③부정 표현 : -ない형(-지 않는다) ④-ないで ください(-하지 말아 주세요)	와가시(和菓子)

お祭(まつ)りは とても 楽(たの)しかったです

1과

학습내용
1. い형용사의 과거형 2. な형용사, 명사의 과거형 3. 요일

일본 대중문화 소개
야마노테선 주변 관광지

한줄포인트

1. お祭(まつ)りは とても 楽(たの)しかったです。

2. 弟(おとうと)は トマトが 嫌(きら)いでした。

3. それは キムさんの 財布(さいふ)では ありませんでした。

4. 明日(あした)は 日(にち)曜日(ようび)です。

기본 회화

① A : 昨日(きのう)は 忙(いそが)しかったですか。

B1 : はい、忙(いそが)しかったです。

B2 : いいえ、忙(いそが)しく ありませんでした。

② A : パーティーは にぎやかでしたか。

B1 : はい、にぎやかでした。

B2 : いいえ、にぎやかじゃ ありませんでした。

③ A : 図書館(としょかん)の 休(やす)みは 何曜日(なんようび)ですか。

B : 火曜日(かようび)です。

새로 나온말

お祭(まつ)り : 축제 / 楽(たの)しかったです : 즐거웠습니다 / トマト : 토마토 / 嫌(きら)いでした : 싫어했습니다
財布(さいふ)では ありませんでした : 지갑이 아니었습니다 / 日曜日(にちようび) : 일요일 / 昨日(きのう) : 어제
忙(いそが)しく ありませんでした : 바쁘지 않았습니다 / にぎやかじゃ ありませんでした : 북적거리지 않았습니다
休(やす)み : 쉬는 날 / 何曜日(なんようび) : 무슨 요일 / 火曜日(かようび) : 화요일

문법 익히기

1. い형용사의 과거형

① 과거 표현

– かった / おいしい → おいし＋かった → おいしかった

- 今日(きょう)の 料理(りょうり)は 本当(ほんとう)に おいしかった。
- イ先生(せんせい)の 猫(ねこ)は とても かわいかった。

② 과거 정중 표현

– かった ＋ です / 楽(たの)しい → 楽(たの)しかった ＋ です → 楽(たの)しかったです

- お祭(まつ)りは とても 楽(たの)しかったです。
- 日本(にほん)の 地震(じしん)は 少(すこ)し 怖(こわ)かったです。

③ 과거 부정 표현

– く なかった / 美(うつく)しい → 美(うつく)し ＋ く なかった → 美(うつく)しく なかった

- 景色(けしき)は あまり 美(うつく)しく なかった。
- その 国(くに)の 人口(じんこう)は 多(おお)く なかった。

④ 과거 부정 정중 표현

– く なかった ＋ です / 難(むずか)しい → 難(むずか)しく なかった ＋ です → 難(むずか)しく なかったです

• 歴史(れきし)の テストは 難(むずか)しく なかったです。

• 公園(こうえん)は あまり 広(ひろ)く ありませんでした。

문장으로 표현할 때는 -く なかったです보다 -く ありませんでした를 더 많이 사용한다.

2. な형용사, 명사의 과거형

① 과거 표현

な형용사 : -だった / 上手(じょうず)だ → 上手(じょうず) + だった → 上手(じょうず)だった

명　　사 : -だった / 雨(あめ) → 雨(あめ) + だった → 雨(あめ)だった

• 彼(かれ)は 英語(えいご)が 上手(じょうず)だった。

• 昨日(きのう)、ソウルは 雨(あめ)だった。

② 과거 정중 표현

な형용사 : -でした / 嫌(きら)いだ → 嫌(きら)い + でした → 嫌(きら)いでした

명　　사 : -でした / 会社員(かいしゃいん) → 会社員(かいしゃいん) + でした → 会社員(かいしゃいん)でした

• 弟(おとうと)は トマトが 嫌(きら)いでした。

• 田中(たなか)さんは 会社員(かいしゃいん)でした。

③ 과거 부정 표현

な형용사 : -では なかった / 静(しず)かだ → 静(しず)か + では なかった → 静(しず)かでは なかった

명　　사 : －では なかった / うそ → うそ ＋ では なかった → うそでは なかった

- 図書館(としょかん)は あまり 静(しず)かでは なかった。
- 母(はは)の 話(はなし)は うそじゃ なかった。

④ 과거 부정 정중 표현

な형용사 : －では なかったです / 簡単(かんたん)だ → 簡単(かんたん)では なかった ＋ です → 簡単(かんたん)では なかったです

명　　사 : －では なかったです / 財布(さいふ) → 財布(さいふ)では なかった ＋ です → 財布(さいふ)では なかったです

- 英語(えいご)の テストは 簡単(かんたん)では なかったです。
- それは キムさんの 財布(さいふ)では ありませんでした。

문장으로 표현할 때는 －では なかったです보다 －では ありませんでした를 더 많이 사용한다.

3. 요일

日曜日	月曜日	火曜日	水曜日	木曜日	金曜日	土曜日	何曜日
にちようび	げつようび	かようび	すいようび	もくようび	きんようび	どようび	なんようび

- 明日(あした)は 日曜日(にちようび)です。
- 今日(きょう)は 何曜日(なんようび)ですか。

새로 나온말

本当(ほんとう)に : 정말로 / 地震(じしん) : 지진 / 少(すこ)し 조금 / 怖(こわ)い : 무섭다 / 景色(けしき) : 경치 / 人口(じんこう) : 인구 / 歴史(れきし) : 역사
昨日(きのう) : 어제 / 雨(あめ) : 비 / 話(はなし) : 이야기 / うそ : 거짓말

연습문제

※ 다음 1~4를 보기와 같이 바꿔 보세요.

1.

보기 交通(こうつう) / 便利(べんり)だ ➜ 交通(こうつう)は 便利(べんり)だった。

① 風(かぜ) / 強(つよ)い ➜

② 先週(せんしゅう) / 試験(しけん) ➜

③ 勉強(べんきょう) / 大変(たいへん)だ ➜

④ 昨日(きのう) / 天気(てんき)が いい ➜

2.

보기 A : 今日(きょう)は 暑(あつ)かったですか。 ➜ B1 : はい、暑(あつ)かったです。 B2 : いいえ、暑(あつ)く ありませんでした。

① 薬(くすり)は 苦(にが)かったですか。 ➜

② 荷物(にもつ)は 重(おも)かったですか。 ➜

③ 今週(こんしゅう)は 忙(いそが)しかったですか。 ➜

④ 塾(じゅく)の 先生(せんせい)は 厳(きび)しかったですか。 ➜

새로 나온말

交通(こうつう) : 교통 / 風(かぜ) : 바람 / 先週(せんしゅう) : 지난 주 / 試験(しけん) : 시험 / 勉強(べんきょう) : 공부 / 天気(てんき) : 날씨 / 苦(にが)い : 쓰다
荷物(にもつ) : 짐 / 今週(こんしゅう) : 이번 주 / 塾(じゅく) : 학원 / 厳(きび)しい : 엄하다

3.

> **보기** A : 病院(びょういん)は 親切(しんせつ)でしたか。➜ B1 : はい、親切(しんせつ)でした。
> B2 : いいえ、親切(しんせつ)では ありませんでした。

① 町(まち)は にぎやかでしたか。➜

② 駅(えき)の トイレは きれいでしたか。➜

③ 東京(とうきょう)は 晴(は)れでしたか。➜

④ あの 建物(たてもの)は ホテルでしたか。➜

4.

> **보기** A : 集(あつ)まりは 何曜日(なんようび)ですか。(月(げつ)) ➜ B : 集(あつ)まりは 月曜日(げつようび)です。

① 会議(かいぎ)は 何曜日(なんようび)ですか。(金(きん)) ➜

② 好(す)きな 曜日(ようび)は 何曜日(なんようび)ですか。(土(ど)と日(にち)) ➜

③ 部室(ぶしつ)の 掃除(そうじ)は 何曜日(なんようび)ですか。(毎週水(まいしゅうすい)) ➜

④ サッカーの 練習(れんしゅう)は 何曜日(なんようび)ですか。(火(か)と木(もく)) ➜

새로 나온말

トイレ : 화장실 / 東京(とうきょう) : 도쿄(일본의 수도) / 晴(は)れ : 맑음 / ホテル : 호텔 / 集(あつ)まり : 모임 / 会議(かいぎ) : 회의
部室(ぶしつ) : 동아리방 / 掃除(そうじ) : 청소 / 毎週(まいしゅう) : 매주 / 練習(れんしゅう) : 연습

야마노테선 주변 관광지

우리나라 서울의 지하철 2호선처럼 일본 도쿄의 도심부를 일주하는 중심노선에 해당하는 것이 야마노테선(山手線)이다. JR 야마노테선은 도쿄 23구를 중심으로 순환 일주하는 전철노선으로 전체 29개의 역으로 이루어져 있다. 총 연장거리 34.5km로 일주하는 데 소요되는 시간은 약 1시간이다. 야마노테선 노선 주변에는 유명 관광지들이 많이 늘어서 있다. 일본 천황이 거처하는 고쿄(皇居)를 비롯해 도쿄도청, 도쿄타워 등의 상징적인 건축물들은 바로 이 야마노테선 주변에 위치하고 있다. 오타쿠의 성지로 일컬어지는 아키하바라, 젊은이들의 활기로 넘치는 시부야, 하라주쿠, 이케부쿠로 등도 모두 야마노테선이 통과한다. 우에노역 근처에는 우리나라 남대문시장과 비슷한 느낌의 재래시장인 아메요코초와 더불어 1882년에 일본 최초로 개원한 동물원인 우에노 동물원, 국립과학박물관과 도쿄국립박물관 등이 들어선 우에노공원 등의 관광명소가 밀집해 있다. 특히 교통의 요지로 하루 유동인구 400만 명에 이르는 도쿄 최대의 번화가 중에 하나인 신주쿠는 고층 빌딩이 즐비하게 늘어선 곳으로 쇼핑 천국이자 먹거리 역시 다양하기로 유명하다.

毎朝(まいあさ) 6時(じ)ごろ 起(お)きます

2과

학습내용

1. 동사의 기본형 분류
2. 긍정 정중 표현 : -ます형
3. 부정 정중 표현 : -ません형

일본 대중문화 소개

테마파크

한줄포인트

1. 毎朝(まいあさ) 6時(じ)ごろ 起(お)きます。

2. 映画(えいが)は 誰(だれ)と 見(み)ますか。

3. 山(やま)には あまり 登(のぼ)りません。

기본 회화

① A : 夜(よる) 何時(なんじ)ごろ 寝(ね)ますか。

B : 11時(じ)ごろ 寝(ね)ます。

② A : お弁当(べんとう)は 何(なに)を 作(つく)りますか。

B : サンドイッチを 作(つく)ります。

③ A : よく 音楽(おんがく)を 聞(き)きますか。

B1 : はい、よく 聞(き)きます。

B2 : いいえ、あまり 聞(き)きません。

새로 나온말

毎朝(まいあさ) : 매일 아침 / 6時(じ)ごろ : 6시쯤 / 起(お)きます : 일어납니다 / 誰(だれ)と : 누구와 / 見(み)ますか : 봅니까?
山(やま) : 산 / あまり : 그다지 / 登(のぼ)りません : 오르지 않습니다 / 夜(よる) : 밤 / 何時(なんじ)ごろ : 몇 시쯤 / 寝(ね)ますか : 잡니까?
何(なに)を : 무엇을 / 作(つく)りますか : 만듭니까? / サンドイッチ : 샌드위치 / よく : 자주 / 音楽(おんがく) : 음악
聞(き)きますか : 듣습니까?

문법 익히기

1. 동사의 기본형 분류

동사란 사물의 존재나 움직임을 나타내는 것으로 모두 う단으로 끝난다.
동사는 다음과 같이 3종류로 구분할 수 있다.

Ⅰ 그룹 동사 (5단 동사)

- 기본형 어미가 -る 이외의 う단인 경우 : 買(か)う 聞(き)く 飲(の)む
- -る로 끝나지만 앞 모음이 あ단 · う단 · お단인 경우 : かかる 作(つく)る 撮(と)る

Ⅱ 그룹 동사 (상1단, 하1단 동사)

- -る로 끝나고 동시에, -る 앞 모음이 い단 · え단인 경우 : 見(み)る 起(お)きる 寝(ね)る 食(た)べる

Ⅲ 그룹 동사 (변격 동사)

- 불규칙 활용 동사 : 来(く)る する

2. 긍정 정중 표현 : －ます형

Ⅰ 그룹 동사 － 어미를 い단으로 바꾼 후 ます를 붙인다.

- 買(か)う → 買(か)います　　・かかる → かかります

Ⅱ 그룹 동사 － 어미를 떼고, ます를 붙인다.

- 見(み)る → 見(み)ます　　・寝(ね)る → 寝(ね)ます

Ⅲ **그룹 동사** – 불규칙 활용

• 来(く)る → 来(き)ます　• する → します

* 예외 Ⅰ **그룹** 동사 - 帰(かえ)る、切(き)る、知(し)る、入(はい)る、走(はし)る 등

3. 부정 정중 표현 : – ません형

Ⅰ **그룹 동사** – 어미를 い단으로 바꾼 후 ません을 붙인다.

• 聞(き)く → 聞(き)きません　• 作(つく)る → 作(つく)りません

Ⅱ **그룹 동사** – 어미를 떼고 ません을 붙인다.

• 起(お)きる → 起(お)きません　• 食(た)べる → 食(た)べません

Ⅲ **그룹 동사** – 불규칙 활용

• 来(く)る → 来(き)ません　• する → しません

새로 나온말

買(か)う : 사다 / 飲(の)む : 마시다 / かかる : 걸리다 / 撮(と)る : 찍다 / 食(た)べる : 먹다 / 来(く)る : 오다 / する : 하다
帰(かえ)る : 돌아가다 / 切(き)る : 자르다 / 知(し)る : 알다 / 入(はい)る : 들어가다, 들어오다 / 走(はし)る : 달리다

연습문제

※ 다음 1~4를 보기와 같이 바꿔 보세요.

1.

보기 行(い)く ➜ <u>行(い)き</u>ます

① する ➜

② 話(はな)す ➜

③ 降(お)りる ➜

④ 教(おし)える ➜

2.

보기 毎朝(まいあさ) / 起(お)きる / 6時(じ) ➜ A : <u>毎朝(まいあさ)</u> 何時(なんじ)ごろ <u>起(お)き</u>ますか。 B : <u>6時(じ)</u>ごろ 起(お)きます。

① 朝(あさ) / ご飯(はん)を 食(た)べる / 7時(じ) ➜

② 毎日(まいにち) / 勉強(べんきょう)を する / 9時(じ) ➜

③ 明日(あした) / 友(とも)だちに 会(あ)う / 4時(じ) ➜

④ いつも / うちを 出(で)る / 8時(じ) ➜

새로 나온말

行(い)く : 가다 / 話(はな)す : 말하다 / 降(お)りる : 내리다 / 教(おし)える : 가르치다 / 朝(あさ) : 아침 / ご飯(はん) : 밥 / 毎日(まいにち) : 매일
明日(あした) : 내일 / 会(あ)う : 만나다 / いつも : 항상 / うち : 집 / 出(で)る : 나가다, 나오다

3.

보기 A：映画(えいが)は 誰(だれ)と 見(み)ますか。(恋人(こいびと)) ➜ B：恋人(こいびと)と 見(み)ます。

① プレゼントは 何(なに)を 買(か)いますか。(花(はな)) ➜

② 運動(うんどう)は いつ しますか。(週末(しゅうまつ)) ➜

③ 買(か)い物(もの)は 誰(だれ)と 行(い)きますか。(母(はは)) ➜

④ 宿題(しゅくだい)は どこで しますか。(図書館(としょかん)) ➜

4.

보기 A：よく 山(やま)に 登(のぼ)りますか。 ➜ B1：はい、よく 登(のぼ)ります。 B2：いいえ、あまり 登(のぼ)りません。

① よく お酒(さけ)を 飲(の)みますか。 ➜

② よく 電話(でんわ)を かけますか。 ➜

③ よく 小説(しょうせつ)を 読(よ)みますか。 ➜

④ よく この レストランに 来(き)ますか。 ➜

새로 나온말

恋人(こいびと)：애인 / プレゼント：선물 / 運動(うんどう)：운동 / 週末(しゅうまつ)：주말 / 買(か)い物(もの)：쇼핑 / 宿題(しゅくだい)：숙제 / どこで：어디서
お酒(さけ)：술 / 電話(でんわ)を かける：전화를 걸다 / 小説(しょうせつ)：소설 / 読(よ)む：읽다

테마파크

일본에는 관광객들의 눈길을 끄는 다양한 종류의 테마파크가 있다. 대표적인 테마파크로는 도쿄 디즈니랜드, 유니버설 스튜디오 재팬, 나고야 레고랜드, 오사카 스카이빌, 후지큐하이랜드(야마나시현), 나가시마 스파랜드(미에현), 시로이코이비토파크(홋카이도 삿포로), 하우스텐보스(나가사키현) 등이 있다. 도쿄 디즈니랜드는 디즈니 캐릭터와 놀이기구, 쇼, 레스토랑 등을 즐길 수 있는 일본을 대표하는 테마파크 중 하나이다. 유니버설 스튜디오 재팬은 영화를 주제로 한 테마파크로 해리포터, 짱구, 원피스 등 다양한 인기 캐릭터와 놀이기구, 쇼, 레스토랑 등을 즐길 수 있어 국내외 관광객들로부터 큰 인기를 얻고 있다. 스릴 만점의 어트렉션이 많은 것으로 유명한 후지큐 하이랜드, 나가시마 스파랜드 등도 유명하다. 그밖에도 레고 블록을 활용한 미니어처 및 놀이기구를 즐길 수 있는 나고야 레고랜드, 홋카이도 삿포로에 위치한 '시로이코이비토' 과자테마파크 등 다양한 테마파크가 있다.

部屋(へや)に パソコンが あります

3과

학습내용
1. 위치 명사 2. 존재 동사 : あります · います 3. 조수사

일본 대중문화 소개
라멘

한줄포인트

1. 部屋(へや)に パソコンが ありります。

2. かごの 中(なか)に 子猫(こねこ)が います。

3. 冷蔵庫(れいぞうこ)に 卵(たまご)が 5個(こ) あります。

기본 회화

① A : 郵便局(ゆうびんきょく)は どこに ありますか。

B : 銀行(ぎんこう)の 隣(となり)に あります。

② A : 子犬(こいぬ)は どこに いますか。

B : テーブルの 下(した)に います。

③ A : ハンカチは 何枚(なんまい) ありますか。

B : ４枚(まい) あります。

새로 나온말

あります : 있습니다 / かご : 바구니 / 中(なか) : 안 / 子猫(こねこ) : 새끼 고양이 / います : 있습니다 / 冷蔵庫(れいぞうこ) : 냉장고
卵(たまご) : 달걀 / 5個(こ) : 5개 / 隣(となり) : 옆 / 子犬(こいぬ) : 강아지 / テーブル : 테이블 / 下(した) : 아래 / ハンカチ : 손수건
何枚(なんまい) : 몇 장

문법 익히기

1. 존재 동사 : あります, います

일본어의 존재 동사에는 사물의 존재를 나타내는 것과 사람이나 동물의 존재를 나타내는 것이 있다. 사물의 존재를 나타낼 때는 ある를, 사람이나 동물의 존재를 나타낼 때는 いる를 쓴다.

- 台所(だいどころ)に お菓子(かし)が あります。
- 教室(きょうしつ)に パク先生(せんせい)が います。

2. 위치 명사

장소 위치 관계를 나타낸다.

上(うえ)	下(した)	中(なか)	外(そと)	前(まえ)	後(うし)ろ	隣(となり)	間(あいだ)
위	아래	안	밖	앞	뒤	옆	사이

- スーパーの 前に バス停(てい)が あります。
- かごの 中(なか)に 子猫(こねこ)が います。

ある(あります)의 부정형은 ない(ありません), いる(います)의 부정형은 いない(いません)이다.

3. 조수사

조수사란 숫자를 셀 때 보다 명확히 하기 위하여 붙이는 단위명사이다. 일본어는 조수사가 많은 어휘로 알려져 있기 때문에 풍부한 일본어 표현을 위하여 익힐 필요가 있다.

	枚(まい)	冊(さつ)	個(こ)	階(かい)	本(ほん)	匹(ひき)
1	いちまい	いっさつ	いっこ	いっかい	いっぽん	いっぴき
2	にまい	にさつ	にこ	にかい	にほん	にひき
3	さんまい	さんさつ	さんこ	さんがい・さんかい	さんぼん	さんびき
4	よんまい	よんさつ	よんこ	よんかい	よんほん	よんひき
5	ごまい	ごさつ	ごこ	ごかい	ごほん	ごひき
6	ろくまい	ろくさつ	ろっこ	ろっかい	ろっぽん	ろっぴき
7	ななまい	ななさつ	ななこ	ななかい	ななほん	ななひき
8	はちまい	はっさつ	はっこ・はちこ	はっかい・はちかい	はっぽん	はっぴき
9	きゅうまい	きゅうさつ	きゅうこ	きゅうかい	きゅうほん	きゅうひき
10	じゅうまい	じゅっさつ	じゅっこ	じゅっかい	じゅっぽん	じゅっぴき
何	なんまい	なんさつ	なんこ	なんがい・なんかい	なんぼん	なんびき

- 卵(たまご)が 5個(こ) あります。
- ライオンが 2匹(ひき) います。

새로 나온말

スーパー：슈퍼마켓 / 前(まえ)：앞 / バス停(てい)：버스 정류장 / 上(うえ)：위 / 外(そと)：밖 / 後(うし)ろ：뒤 / 間(あいだ)：사이
ライオン：사자 / ～冊(さつ)：～권 / ～階(かい)：～층 / ～本(ほん)：～자루 / ～匹(ひき)：～마리

연습문제

※ 다음 1~4를 보기와 같이 바꿔 보세요.

1.

보기	台所(だいどころ) · お菓子(かし) ➜ 台所(だいどころ)に お菓子(かし)が あります。

① 駅(えき)・コンビニ ➜

② 玄関(げんかん)・かさ ➜

③ 公園(こうえん)・子供(こども) ➜

④ 教室(きょうしつ)・先生(せんせい) ➜

2.

보기	はさみ / 引(ひ)き出(だ)しの 中(なか) ➜ A : はさみは どこに ありますか。 B : 引(ひ)き出(だ)しの 中(なか)に あります。

① スイッチ / 入(い)り口(ぐち)の 右(みぎ) ➜

② テレビ / 本棚(ほんだな)と 机(つくえ)の 間(あいだ) ➜

③ 駐車場(ちゅうしゃじょう) / 建物(たてもの)の 後(うし)ろ ➜

④ タクシー乗(の)り場(ば) / 図書館(としょかん)の 前(まえ) ➜

새로 나온말

台所(だいどころ) : 부엌 / 玄関(げんかん) : 현관 / 子供(こども) : 아이 / はさみ : 가위 / 引(ひ)き出(だ)し : 서랍 / スイッチ : 스위치 / 入(い)り口(ぐち) : 입구
右(みぎ) : 오른쪽 / 本棚(ほんだな) : 책장 / 机(つくえ) : 책상 / 駐車場(ちゅうしゃじょう) : 주차장 / 建物(たてもの) : 건물 / タクシー乗(の)り場(ば) : 택시 승차장

3.

보기 おまわりさん / 交番(こうばん)の 外(そと) ➜ A : おまわりさんは どこに いますか。
B : 交番(こうばん)の 外(そと)に います。

① 友(とも)だち / 車(くるま)の 中(なか) ➜

② 男(おとこ)の子(こ) / ドアの 後(うし)ろ ➜

③ 赤(あか)ちゃん / ベッドの 上(うえ) ➜

④ はると君(くん) / めいさんの 隣(となり) ➜

4.

보기 スプーン / 3 ➜ スプーンが 3本(ぼん) あります。

① 切手(きって) / 9 ➜

② ノート / 1 ➜

③ りんご / 7 ➜

④ ハムスター / 4 ➜

새로 나온말

おまわりさん : 경찰 / 交番(こうばん) : 파출소 / ドア : 문 / 赤(あか)ちゃん : 아기 / ベッド : 침대 / ～君(くん) : ～군
スプーン : 숟가락 / りんご : 사과 / ノート : 노트 / 切手(きって) : 우표 / ハムスター : 햄스터

라멘

중화요리의 일종인 라멘은 일본에서 독특한 조리법으로 탄생한 면요리로 인기를 끌고 있다. 지역별로 다양한 라멘이 있는데, 삿포로의 미소 라멘(味噌ラーメン)과 하카타 돈코츠 라멘(豚骨ラーメン) 등이 특히 유명하다. 삿포로 미소 라멘은 된장으로 맛을 낸 구수한 국물이 특징이며, 하카타 돈코츠 라멘은 돼지 사골을 우려낸 걸쭉한 육수 맛이 일품이다. 일본 라멘은 고명이 많이 사용되는데, 삶은 돼지고기인 차슈(チャーシュー)나 절인 죽순인 멘마(メンマ), 양념에 조린 삶은 달걀인 아지타마(味玉), 김 등의 고명이 맛을 더한다. 한편 1958년 닛신 식품에 의해 세계 최초로 개발된 인스턴트 라멘은 전세계적으로 확산되어 큰 인기를 누리고 있다. 또한 라멘 통조림인 '라멘캔(ラーメン缶)'을 판매하는 자판기가 출시되는가 하면 개인용 라멘 자판기까지 나올 정도로 일본인의 라멘 애호 열풍은 상상을 초월한다. 요코하마에는 라멘 박물관이 개관되어 관광객들의 눈길을 사로잡는 관광명소로 주목받고 있다.

7時(じ)に 朝(あさ)ご飯(はん)を 食(た)べました

4과

학습내용

1. 과거 정중 표현 : -ました
2. 과거 정중 부정 표현 : -ませんでした
3. - に(-하러)
4. 월, 날짜

일본 대중문화 소개

오사카관광

한줄포인트

1. 7時(じ)に 朝(あさ)ご飯(はん)を 食(た)べました。

2. 昨日(きのう)は どこへも 出(で)かけませんでした。

3. 友達(ともだち)と 買(か)い物(もの)に 行(い)きました。

4. 今日(きょう)は 5月(がつ) 11日(にち)です。

기본 회화

① A：昨日(きのう) 雨(あめ)が 降(ふ)りましたか。

B：いいえ、降(ふ)りませんでした。

② A：日曜日(にちようび)、何(なに)を しましたか。

B：山(やま)へ 写真(しゃしん)を 撮(と)りに 行(い)きました。

③ A：試合(しあい)は いつですか。

B：3月(がつ) 10日(とおか)です。

새로 나온말

朝ご飯(あさごはん)：아침 밥 / 食(た)べました：먹었습니다 / どこへも：어디에도 / 出(で)かけませんでした：나가지 않았습니다
5月(がつ) 11日(にち)：5월 11일 / 降(ふ)る：(비가) 내리다 / 写真(しゃしん)：사진 / 撮(と)りに：찍으러 / 試合(しあい)：시합 / 3月(がつ) 10日(とおか)：3월 10일

문법 익히기

1. 과거 정중 표현 : −ました

과거 정중 표현을 나타내는 '−ました'는 다음과 같이 접속한다.

Ⅰ그룹 동사 − 기본형 어미를 い단으로 바꾸고 '-ました'를 붙인다.

• 遊(あそ)ぶ → 遊(あそ)びました　　• 泳(およ)ぐ → 泳(およ)ぎました

Ⅱ그룹 동사 − 어미를 떼고 '-ました'를 붙인다.

• 降(お)りる → 降(お)りました　　• 出(で)かける → 出(で)かけました

Ⅲ 그룹 동사 − 불규칙 활용

• 来(く)る → 来(き)ました　　• する → しました

2. 과거 정중 부정 표현 : −ませんでした

과거 정중 부정 표현을 나타내는 '−ませんでした'는 다음과 같이 접속한다.

Ⅰ그룹 동사 − 어미를 い단으로 바꾸고 '-ませんでした'를 붙인다.

• 貸(か)す → 貸(か)しませんでした　　• 売(う)る → 売(う)りませんでした

Ⅱ그룹 동사 − 어미를 떼고, '-ませんでした'를 붙인다.

• 借(か)りる → 借(か)りませんでした　　• 答(こた)える → 答(こた)えませんでした

III 그룹 동사 – 불규칙 활용

- 来(く)る → 来(き)ませんでした　　・する → しませんでした

3. –に (–하러)

동사의 '– ます형' 또는 동작성 명사에 접속하여 목적을 나타내는 '-하러'의 의미를 갖는다.

- 川(かわ)へ 遊(あそ)びに 来(き)ました。
- 犬(いぬ)の 散歩(さんぽ)に 行(い)きました。

4. 월

월(月)의 경우 숫자에 '月(がつ)'를 붙여 표현한다. 아래와 같이 4월, 7월, 9월은 주의하여 읽어야 한다.

1月	2月	3月	4月	5月	6月
いちがつ	にがつ	さんがつ	しがつ	ごがつ	ろくがつ
7月	8月	9月	10月	11月	12月
しちがつ	はちがつ	くがつ	じゅうがつ	じゅういちがつ	じゅうにがつ

5. 날짜

날짜(日)는 기본적으로 '日(にち)'를 붙여서 읽지만 1일부터 10일까지, 14일, 20일, 24일은 고유의 표현을 쓰므로 주의하자.

1日	ついたち
2日	ふつか
3日	みっか
4日	よっか
5日	いつか
6日	むいか
7日	なのか
8日	ようか
9日	ここのか
10日	とおか

11日	じゅういちにち	21日	にじゅういちにち
12日	じゅうににち	22日	にじゅうににち
13日	じゅうさんにち	23日	にじゅうさんにち
14日	じゅうよっか	24日	にじゅうよっか
15日	じゅうごにち	25日	にじゅうごにち
16日	じゅうろくにち	26日	にじゅうろくにち
17日	じゅうしちにち	27日	にじゅうしちにち
18日	じゅうはちにち	28日	にじゅうはちにち
19日	じゅうくにち	29日	にじゅうくにち
20日	はつか	30日	さんじゅうにち
		31日	さんじゅういちにち

새로 나온말

遊(あそ)ぶ : 놀다 / 泳(およ)ぐ : 수영하다 / 貸(か)す : 빌려주다 / 売(う)る : 팔다 / 借(か)りる : 빌리다 / 答(こた)える : 대답하다
川(かわ) : 강 / 散歩(さんぽ) : 산책

연습문제

※ 다음 1~4를 보기와 같이 바꿔 보세요.

1.

보기 休(やす)む ➜ 休(やす)みました · 休(やす)みませんでした

① 聞(き)く ➜

② 起(お)きる ➜

③ 来(く)る ➜

④ 作(つく)る ➜

2.

보기 ペットと 遊(あそ)ぶ ➜ A：昨日(きのう)、ペットと 遊(あそ)びましたか。 B：いいえ、遊(あそ)びませんでした。

① 日記(にっき)を 書(か)く ➜

② お金(かね)を 使(つか)う ➜

③ 試験(しけん)を 受(う)ける ➜

④ ピアノの 練習(れんしゅう)を する ➜

새로 나온말

休(やす)む：쉬다 / ペット：애완동물 / 日記(にっき)：일기 / 書(か)く：쓰다 / お金(かね)：돈 / 使(つか)う：쓰다, 사용하다
試験(しけん)を 受(う)ける：시험을 보다 / ピアノ：피아노

3.

> 보기 今日(きょう) / 本屋(ほんや) / 漫画(まんが)を 買(か)う ➜ A : 今日(きょう)、何(なに)を しましたか。
> B : 本屋(ほんや)へ 漫画(まんが)を 買(か)いに 行(い)きました。

① 昨日(きのう) / 海(うみ) / 泳(およ)ぐ ➜

② 水曜日(すいようび) / 図書館(としょかん) / 本(ほん)を 借(か)りる ➜

③ おととい / 大阪(おおさか) / 旅行(りょこう) ➜

④ 土曜日(どようび)の 夜(よる) / レストラン / 食事(しょくじ) ➜

4.

> 보기 誕生日(たんじょうび) / 2月 5日 ➜ 誕生日(たんじょうび)は にがつ いつかです。

① 正月(しょうがつ) / 1月 1日 ➜

② 出発(しゅっぱつ) / 7月 7日 ➜

③ 展覧会(てんらんかい) / 9月 20日 ➜

④ 入学式(にゅうがくしき) / 4月 14日 ➜

새로 나온말

漫画(まんが) : 만화 / 海(うみ) : 바다 / おととい : 그저께 / 大阪(おおさか) : 오사카(지명) / 食事(しょくじ) : 식사 / 誕生日(たんじょうび) : 생일
正月(しょうがつ) : 설날 / 展覧会(てんらんかい) : 전시회 / 出発(しゅっぱつ) : 출발 / 入学式(にゅうがくしき) : 입학식

오사카관광

오사카는 일본의 전통문화와 현대적인 분위기가 잘 조화를 이룬 도시로 다양한 관광명소를 갖추고 있어 관광객들이 많이 찾는 관광지이다. 그 중에서도 오사카 성은 히메지 성, 구마모토 성과 함께 일본의 3대 명성(名城) 중 하나로 손꼽히는 곳으로 명실상부 오사카를 대표하는 랜드마크이다. 1583년에 도요토미 히데요시가 천하통일을 꿈꾸며 축성한 오사카 성은 천수각을 중심으로 돌담, 해자, 일본 정원 등 많은 볼거리를 제공한다. 또한 593년에 쇼토쿠 태자가 일본에 불교를 보급하기 위해 건립한 시텐노지(四天王寺)는 일본에서 가장 오래된 관사 중 하나이다. 한편 오사카를 방문하는 관광객들이 가장 많이 찾는 곳 중에 하나인 유니버설 스튜디오 재팬(USJ)은 스티븐 스필버그 감독이 크리에이티브 총감독을 맡아 화제가 되었으며 해리포터 시리즈가 특히 인기가 있다. 오사카를 찾는 관광객들의 필수 방문 코스인 도톤보리(道頓堀)의 광고판 글리코맨, 나미하야구의 '신세계'에 우뚝 선 높이 103미터의 전망대 쓰텐카쿠(通天閣), 제철 해산물을 비롯한 다양한 먹거리를 맛볼 수 있는 구로몬 시장 등도 빼놓을 수 없다. 그 밖에 세계최대의 어류 고래상어를 볼 수 있는 세계 최대 규모를 자랑하는 수족관 가이유칸(海游館), 영국 출판사 돌링 킨더슬리 선정 세계 건축 TOP20 중 하나로 선정된 우메다 스카이빌 공중정원 전망대 등도 유명하다.

来年(らいねん) また 海(うみ)に 行(い)きたいです

5과

학습내용
1. 희망표현 I : -たい 2. 희망표현 II : -が ほしい 3. 의문사+か, 의문사+も 4. 때를 나타내는 표현

일본 대중문화 소개
일본전통놀이 켄다마

한줄포인트

1. 来年(らいねん) また 海(うみ)に 行(い)きたいです。

2. 新(あたら)しい 自転車(じてんしゃ)が ほしいです。

3. 事務室(じむしつ)に 誰(だれ)か いますか。

기본 회화

① A：夏休(なつやす)みに 何(なに)が したいですか。

B：旅行(りょこう)を たくさん したいです。

② A：今(いま)、何(なに)が 一番(いちばん) ほしいですか。

B：かわいい ペットが ほしいです。

③ A：箱(はこ)の 中(なか)に 何(なに)か いますか。

B1：はい、猫(ねこ)が 2匹(ひき) います。

B2：いいえ、何(なに)も いません。

새로 나온말

来年(らいねん)：내년 / また：또 / 行(い)きたいです：가고 싶습니다 / 自転車(じてんしゃ)：자전거 / ほしいです：갖고 싶습니다
事務室(じむしつ)：사무실 / 誰(だれ)か：누군가 / たくさん：많이 / 今(いま)：지금 / 箱(はこ)：상자 / 何(なに)か：무엇인가
何(なに)も：아무 것도

문법 익히기

1. −たい (−하고 싶다)

동사의 활용형인 '−ます형'에 접속하여 말하는 사람의 소망을 나타내는 표현이다. '-하고 싶다'의 의미로 사용된다.

• 今日(きょう)は 家(いえ)で 休(やす)みたいです。

• 日本(にほん)の いろいろな 所(ところ)を 観光(かんこう)したいです。

2. −が ほしい (−를 갖고 싶다, −이/가 필요하다)

'-ほしい' 앞에는 조사 'が'가 오며, '−을 갖고 싶다'의 의미로 희망을 나타낸다.

• 新(あたら)しい 自転車(じてんしゃ)が ほしいです。

• 大(おお)きい スーツケースが ほしいです。

3. 의문사 + か, 의문사 + も

의문사 '何, どこ, だれ, いつ'와 같은 말에 조사 'か'가 붙어 정해지지 않은 대상, 장소, 사람, 시기를 나타낸다. 부정의 경우 'も'를 붙여 사용한다.

• 何(なに)か 食(た)べましたか。- 何(なに)も 食(た)べませんでした。

• 誰(だれ)か いましたか。- 誰(だれ)も いませんでした。

- どこか 行(い)きましたか。- どこへも 行(い)きませんでした。
- いつか 会(あ)いたいです。

4. 때를 나타내는 표현

おととい 그저께	きのう 昨日 어제	きょう 今日 오늘	あした　あす 明日/明日 내일	あさって 모레
せんせんしゅう 先々週 지지난 주	せんしゅう 先週 지난 주	こんしゅう 今週 이번 주	らいしゅう 来週 다음 주	さらいしゅう 再来週 다다음 주
せんせんげつ 先々月 지지난 달	せんげつ 先月 지난 달	こんげつ 今月 이번 달	らいげつ 来月 다음 달	さらいげつ 再来月 다다음 달
おととし 지지난 해	きょねん　さくねん 去年/昨年 지난 해	ことし 今年 올해	らいねん 来年 내년	さらいねん 再来年 내후년

새로 나온말

いろいろな : 다양한 / 所(ところ) : 곳 / 観光(かんこう) : 관광 / スーツケース : 여행가방 / 誰(だれ)も : 아무도 / どこか : 어딘가
いつか : 언젠가

연습문제

※ 다음 1~4를 보기와 같이 바꿔 보세요.

1.

> **보기** 食(た)べる ➜ 食(た)べたい

① 習(なら)う ➜

② 乗(の)る ➜

③ 来(く)る ➜

④ 見(み)せる ➜

2.

> **보기** 連休(れんきゅう) / 好(す)きな 小説(しょうせつ)を 読(よ)む ➜ A：連休(れんきゅう)に 何(なに)が したいですか。
> B：好(す)きな 小説(しょうせつ)が 読(よ)みたいです。

① 週末(しゅうまつ) / 美術館(びじゅつかん)に 行(い)く ➜

② 夏休(なつやす)み / 遊園地(ゆうえんち)で 遊(あそ)ぶ ➜

③ 今度(こんど)の 日曜日(にちようび) / ゆっくり 休(やす)む ➜

④ ゴールデンウィーク / 海外旅行(かいがいりょこう)を する ➜

새로 나온말

習(なら)う：배우다 / 乗(の)る：타다 / 見(み)せる：보여 주다 / 連休(れんきゅう)：연휴 / 美術館(びじゅつかん)：미술관 / 遊園地(ゆうえんち)：유원지 / 今度(こんど)：이번
ゴールデンウィーク：황금연휴 / 海外(かいがい)：해외

3.

보기	エアコン ➜ 今(いま)、一番(いちばん) エアコンが ほしいです。

① 時間(じかん) ➜

② バイク ➜

③ シャーペン ➜

④ かわいい 靴下(くつした) ➜

4.

보기	トイレ / 誰(だれ) / 父(ちち) ➜ A : トイレに 誰(だれ)か いますか。 B1 : はい、父(ちち)が います。 B2 : いいえ、誰(だれ)も いません。

① 玄関(げんかん) / 誰(だれ) / 母(はは) ➜

② コピー室(しつ) / 誰(だれ) / 秘書(ひしょ) ➜

③ 箱(はこ)の 中(なか) / 何(なに) / はがき ➜

④ 自動車(じどうしゃ)の 下(した) / 何(なに) / 鳥(とり) ➜

새로 나온말

エアコン : 에어컨 / 時間(じかん) : 시간 / バイク : 오토바이 / シャーペン : 샤프펜 / 靴下(くつした) : 양말 / 玄関(げんかん) : 현관
コピー室(しつ) : 복사실 / 秘書(ひしょ) : 비서 / はがき : 엽서 / 自動車(じどうしゃ) : 자동차 / 鳥(とり) : 새

일본전통놀이 켄다마

켄다마는 3개의 받침대와 1개의 뾰족한 봉 부분, 그리고 본체에 실로 연결된 구슬 1개로 만든 장난감이다. 균형 있게 받침대 위에 올리거나 공을 뾰족한 곳에 올리며 노는 옛날 놀이이다.

공을 어느 받침대에 올리는가, 성공한 횟수는 몇 번인가 등으로 승패를 겨룬다. 현재는 '일본 켄다마 협회'가 개최하는 전국대회에 참가하는 사람도 많아 옛 놀이라는 틀을 넘어 스포츠로 즐기게 되었다.

또한 켄다마 검정시험도 치러지고 있는데, '홉 스텝 점프' 개념으로 켄다마의 기술을 단계적으로 습득할 수 있다. 어린이부터 어르신까지 누구나 시도할 수 있도록 개발된 검정시험이다. 켄다마는 즐기는 놀이도구의 개념에서 출발하여 현재에는 재활 전용 켄다마도 개발되어 고령자의 치매 방지를 위해서도 도움이 되고 있다.

今朝(けさ)から のどが 痛(いた)いんです

6과

학습내용

1. 설명요구 : –んです
2. –から(-때문에)
3. –ながら(-면서)

일본 대중문화 소개

다도

한줄포인트

1. 今朝(けさ)から のどが 痛(いた)いんです。

2. 暑(あつ)いから 窓(まど)を 開(あ)けます。

3. テレビを 見(み)ながら 体操(たいそう)を します。

기본 회화

① A：どうしたんですか。

B：財布(さいふ)が ないんです。

② A：どうして 引(ひ)っ越(こ)すんですか。

B：部屋(へや)が 狭(せま)いからです。

③ A：音楽(おんがく)を 聞(き)きながら、何(なに)を しますか。

B：音楽(おんがく)を 聞(き)きながら、ゲームを します。

새로 나온 말

今朝(けさ)：오늘 아침 / のど：목 / 痛(いた)いんです：아파요 / 暑(あつ)いから：더우니까 / 開(あ)ける：열다 / 見(み)ながら：보면서 / 体操(たいそう)：체조 / どうしたんですか：무슨 일이세요? / どうして：왜, 어째서 / 引(ひ)っ越(こ)す：이사를 가다 / ゲーム：게임

문법 익히기

1. 설명요구 : −んです

정중체 '−です'에 'ん'이 들어간 형태로 '−んです'는 어떠한 사실이나 이유에 대하여 설명하거나 또는 상대에게 설명을 요구할 때 사용한다.

▶ 동사의 기본형 + んです

A : 今日(きょう)も 練習(れんしゅう)ですか。

B : はい。来週(らいしゅう) 試合(しあい)が あるんです。

▶ い형용사 기본형 + んです

A : どうしたんですか。

B : 目(め)が かゆいんです。

▶ な형용사 어간 + なんです

A : まだ 着(つ)きませんか。

B : ええ、この 道(みち) ちょっと 複雑(ふくざつ)なんです。

▶ 명사 + なんです

A : 今日(きょう)は 早(はや)いですね。

B : ええ、朝(あさ)から 会議(かいぎ)なんです。

※ '-んですが'는 '-은데요'로 해석하며 전제의 용법으로 사용된다.

- 先生(せんせい)、ちょっと 質問(しつもん)が あるんですが……。
- 目薬(めぐすり)を 買(か)いたいんですが、この 辺(へん)に 薬屋(くすりや)は ありませんか。

2. −から (−때문에)

원인과 이유를 나타내는 조사이다.

▶ 동사의 기본형 + から

예) 友だちが 来るから

▶ い형용사 기본형 + から

예) 値段が 安いから

▶ な형용사 어간 + だから

예) 虫が 嫌いだから

▶ 명사 + だから

예) 仕事が 休みだから

다음 예문과 같이 접속사로 문장 도중에 사용하기도 한다. 이 때 '～ですから'처럼 から 앞에 ～です 또는 ～ます가 오면 정중함이 더해진다.

- 遅れるから(遅れますから)、タクシーで 行きます。
- 雨が 降るから(降りますから)、今日は 家に います。

3. −ながら (−면서)

동사의 '−ます형'에 접속하여 '−면서'의 의미를 나타내며, 어떠한 동작의 '동시 진행'을 의미한다.

- 母は 毎日 歌を 歌いながら 洗濯を します。
- 僕は いつも お菓子を 食べながら 勉強します。

새로 나온 말

目 : 눈 / かゆい : 가렵다 / 着く : 도착하다 / 質問 : 질문 / 目薬 : 안약 / 辺 : 근처 / 薬屋 : 약국 / 値段 : 가격
虫 : 벌레 / 遅れる : 늦다 / 僕 : 나(남자가 사용하는 말) / 歌う : 노래하다 / 洗濯 : 빨래

연습문제

※ 다음 1~4를 보기와 같이 바꿔 보세요.

1.

보기 出張(しゅっちょう)だ ➜ <u>出張(しゅっちょう)な</u>んです

① 人気(にんき)だ ➜

② 大好(だいす)きだ ➜

③ 都合(つごう)が 悪(わる)い➜

④ せきが 出(で)る ➜

2.

보기 ちょっと 眠(ねむ)いです ➜ A：どうしたんですか。 B：<u>ちょっと 眠(ねむ)い</u>んです。

① 食堂(しょくどう)が 休(やす)みです ➜

② 急(きゅう)に 友(とも)だちが 来(き)ます ➜

③ 明日(あした)の 面接(めんせつ)が 心配(しんぱい)です ➜

④ 科学(かがく)の 問題(もんだい)が 難(むずか)しいです ➜

새로 나온 말

出張(しゅっちょう)：출장 / 人気(にんき)：인기 / 都合(つごう)：형편 / せき：기침 / 眠(ねむ)い：졸리다 / 食堂(しょくどう)：식당 / 急(きゅう)に：갑자기 / 面接(めんせつ)：면접
科学(かがく)：과학 / 問題(もんだい)：문제

3.

보기	入院する / 検査を する ➜ A：どうして 入院するんですか。 B：検査を するからです。

① 最近 忙しい / テストが ある ➜

② 早く 帰る / 体の 具合が 悪い ➜

③ そんなに 急ぐ / 約束に 遅れる ➜

④ BTSが 好きだ / ダンスが うまくて ハンサムだ ➜

4.

보기	テレビを 見る / お茶を 飲む ➜ テレビを 見ながら お茶を 飲みます。

① 本を 見る / ケーキを 作る ➜

② 散歩を する / 電話を かける ➜

③ 友だちと 話す / 食事を する ➜

④ パンを 食べる / 新聞を 読む ➜

새로 나온 말

入院する：입원하다 / 検査：검사 / 最近：최근 / 体：몸 / 具合：상태 / そんなに：그렇게 / 急ぐ：서두르다
約束：약속 / 新聞：신문

일본문화소개

다도

일본의 다도에서는 차를 마시는 특별한 예법이 있다. 다다미가 깔린 다실에서 주인이 준비하는 차와 간식을 먹는다. 주인이 차를 준비하는 동안 간식을 먹는다. 다도 유파에 따라 조금씩 다르나 대체로 다음과 같은 예법이 있다.

차를 준비하는 동안 먹을 간식을 주인으로부터 받는 것이 다도의 예절이다. 주인이 차를 준비하여 '간식 드세요'라고 인사하면 그것이 '간식을 먹으라는' 사인이다. 차를 마시는 손님은 '잘 먹겠습니다'라고 감사하며 주인에게 절을 한다.

간식 후에는 차를 마시게 된다. 차가 오면 다음 순서 사람에게 "먼저"라고 말하고 찻잔을 자신의 앞에 두고 주인에게 "잘 마시겠습니다."라고 말하며 인사를 한다. 왼손으로 찻잔을 들고 오른손으로 받치며 차를 마시는데, 찻잔의 정면을 피해 마셔야 하기 때문에, 약 180도 돌린다는 생각으로 시계 방향으로 2번에 걸쳐 돌린다. 그리고 3회 정도로 나누어 마시고 마지막 한 모금은 소리를 조금 내면서 다 마신다. 찻잔을 반납하기 전에 그릇 전체를 체크하고 다시 시계 방향으로 두 번 돌려 정면이 주인을 향하도록 한다.

一緒(いっしょ)に 映画(えいが)を 見(み)ませんか

학습내용

1. 권유 표현 I : -ませんか
2. 권유 표현 II : -ましょう
3. 권유 표현 III : -ましょうか
4. 기본형+ことです(-하는 것입니다)

일본 대중문화 소개

료칸

한줄포인트

1. 一緒(いっしょ)に 映画(えいが)を 見(み)ませんか。

2. 先生(せんせい)に 相談(そうだん)しましょう。

3. ここで 写真(しゃしん)を 撮(と)りましょうか。

4. 私(わたし)の 趣味(しゅみ)は 花(はな)を 育(そだ)てる ことです。

기본 회화

① A：一緒(いっしょ)に 水泳(すいえい)を 始(はじ)めませんか。

B1：いいですね。始(はじ)めましょう。

B2：すみません。水泳(すいえい)は ちょっと……。

② A：明日(あした)、誰(だれ)と 行(い)きましょうか。

B：そうですね。高橋(たかはし)さんと 行(い)きましょう。

③ A：イさんの 趣味(しゅみ)は 何(なん)ですか。

B：運動(うんどう)を する ことです。

새로 나온 말

一緒(いっしょ)に：함께 / 見(み)ませんか：보지 않겠습니까? / 相談(そうだん)しましょう：의논합시다 / 撮(と)りましょうか：찍을까요?
趣味(しゅみ)：취미 / 育(そだ)てる ことです：키우는 것입니다 / 水泳(すいえい)：수영 / 始(はじ)める：시작하다 / ちょっと：조금, 좀

문법 포인트

1. 권유 표현 1 : －ませんか

2과에서 배운 부정 정중 표현 '-ません'에 의문조사 'か'가 붙은 형태로 '－하지 않겠습니까'의 의미로 사용된다. '－ませんか'는 다음과 같이 접속한다.

Ⅰ그룹 동사 － 어미를 い단으로 바꾼 후 '-ませんか'를 붙인다.

- 働(はたら)く → 働(はたら)きませんか
- 送(おく)る → 送(おく)りませんか

Ⅱ그룹 동사 － 어미를 떼고 '-ませんか'를 붙인다.

- 見(み)る → 見(み)ませんか
- 集(あつ)める → 集(あつ)めませんか

Ⅲ 그룹 동사 － 불규칙 활용

- 来(く)る → 来(き)ませんか
- する → しませんか

2. 권유 표현 2 : －ましょう

'－합시다'의 의미로 상대에게 공손하게 권유하는 표현이다. '－ましょう'는 'ます형'에 접속한다.

- 次(つぎ)は 工場(こうじょう)を 見学(けんがく)しましょう。
- この 単語(たんご)は 必(かなら)ず 覚(おぼ)えましょう。

3. 권유 표현 3 : －ましょうか

권유 표현 '－ましょう'에 의문조사 'か'가 붙은 형태로 '-하실까요'의 의미로 사용된다. '－ましょう'보다는 완곡한 표현이다. '－ましょうか'는 'ます형'에 접속한다.

- 少(すこ)し 休(やす)みましょうか。
- 今日(きょう)は タクシーで 帰(かえ)りましょうか。

위 세 가지 권유 표현 중 '**－ませんか**'가 가장 정중한 표현이며 그 다음은 '**－ましょうか**', '**－ましょう**'의 순이다.

4. 기본형 + ことです (-하는 것입니다)

동사의 기본형에 こと(-의 것)를 붙여서 동사를 명사로 바꿀 수 있다.

- 私(わたし)の 趣味(しゅみ)は 切手(きって)を 集(あつ)める ことです。
- 両親(りょうしん)の 楽(たの)しみは 野菜(やさい)を 育(そだ)てる ことです。

새로 나온 말

送(おく)る : 보내다 / 集(あつ)める : 모으다 / 次(つぎ) : 다음 / 工場(こうじょう) : 공장 / 見学(けんがく)する : 견학하다 / 単語(たんご) : 단어 / 必(かなら)ず : 반드시
覚(おぼ)える : 외우다 / 両親(りょうしん) : 부모님 / 楽(たの)しみ : 즐거움 / 野菜(やさい) : 야채

연습문제

※ 다음 1~4를 보기와 같이 바꿔 보세요.

1.

> **보기** 働(はたら)く ➜ 働(はたら)きませんか

① 待(ま)つ ➜

② 来(く)る ➜

③ 着(き)る ➜

④ 調(しら)べる ➜

2.

> **보기** キャンプに 行(い)く ➜ A : 一緒(いっしょ)に キャンプに 行(い)きませんか。
> B1 : いいですね。行(い)きましょう。
> B2 : すみません。キャンプは ちょっと……。

① ヨガを する ➜

② 英会話(えいかいわ)を 習(なら)う ➜

③ ダンスを 踊(おど)る ➜

④ うなぎを 食(た)べる ➜

새로 나온 말

働(はたら)く : 일하다 / 待(ま)つ : 기다리다 / 着(き)る : 입다 / 調(しら)べる : 알아보다 / キャンプ : 캠프 / ヨガ : 요가
英会話(えいかいわ) : 영어회화 / 踊(おど)る : (춤을) 추다 / うなぎ : 장어

3.

> **보기** 何(なに)で 行(い)く / 新幹線(しんかんせん) ➜ A：明日(あした)、何(なに)で 行(い)きましょうか。
> B：そうですね。新幹線(しんかんせん)で 行(い)きましょう。

① 何(なに)を 食(た)べる / ステーキ ➜

② 何時(なんじ)に 出発(しゅっぱつ)する / 6時半(じはん) ➜

③ どこで 会(あ)う / 動物園(どうぶつえん)の 前(まえ) ➜

④ どんな 映画(えいが)を 見(み)る / ホラー映画(えいが) ➜

4.

> **보기** 夢(ゆめ) / 大(おお)きい 家(いえ)に 住(す)む ➜ 私(わたし)の 夢(ゆめ)は、大(おお)きい 家(いえ)に 住(す)む ことです。

① 目標(もくひょう) / 日本(にほん)で 働(はたら)く ➜

② 仕事(しごと) / 映画(えいが)を 作(つく)る ➜

③ 趣味(しゅみ) / おいしい ものを 食(た)べる ➜

④ 得意(とくい)な こと / パソコンを 直(なお)す ➜

새로 나온 말

新幹線(しんかんせん)：신칸센 / ステーキ：스테이크 / 出発(しゅっぱつ)する：출발하다 / 動物園(どうぶつえん)：동물원 / ホラー映画(えいが)：공포영화
夢(ゆめ)：꿈 / 住(す)む：살다 / 目標(もくひょう)：목표 / 直(なお)す：고치다

료칸

일본 관광지에는 '료칸(旅館)'이라고 불리는 숙박시설이 많다. 호텔보다도 투숙객과 스태프 간의 거리가 가깝게 느껴지는 것과 일본식 전통가옥이 매력 포인트이다. 그밖에도 일본정원과 아름다운 식물, 온천 등은 호텔과는 차별화된 료칸만이 지니는 장점 중의 하나이다. 료칸과 관련한 용어 중 '오모테나시(극진한 손님 대접)'는 도쿄 올림픽 유치 때도 사용된 유명한 용어이다. 짐을 옮기거나 식사 준비, 방 정리정돈 등 폭 넓게 적용되며 큰 료칸의 경우는 담당 여종업원이 따로 붙기도 한다.

일본식 건축이나 와시쓰(和室)의 다타미(畳) 등 일본문화 전반을 한 번에 체험할 수 있다는 점도 료칸의 매력 중 하나라 할 수 있다. 료칸 중에는 수백 년 이상의 전통을 갖고 있는 곳도 많으며 멋들어진 일본정원을 갖추고 있는 료칸도 많으므로 료칸 숙박을 검토할 때 선택 포인트가 되기도 한다.

本を読んで、レポートを書きます

(ふりがな: 本 ほん, 読 よ, 書 か)

8과

학습내용

1. て형
2. -て의 여러 가지 용법
3. -て ください(-해 주십시오)

일본 대중문화 소개

일본전통공예

한줄포인트

1. 本(ほん)を 読(よ)んで、レポートを 書(か)きます。

2. 雨(あめ)が 降(ふ)って、服(ふく)が ぬれました。

3. すみませんが、地図(ちず)を 見(み)せて ください。

기본 회화

① A : 明日(あした)は 何(なに)を しますか。

B : 友(とも)だちに 会(あ)って、映画(えいが)を 見(み)ます。

② A : 財布(さいふ)を 忘(わす)れて、家(いえ)に 戻(もど)りました。

B : それは 大変(たいへん)でしたね。

③ A : すみませんが、かさを 貸(か)して ください。

B : いいですよ。

새로 나온 말

読(よ)んで : 읽고 / レポート : 리포트 / 降(ふ)って : (비가) 내려서 / 服(ふく) : 옷 / ぬれる : 젖다
見(み)せて ください : 보여 주세요 / 忘(わす)れる : 잊어버리다 / 戻(もど)る : 돌아가다 / 貸(か)す : 빌려 주다

문법 포인트

1. –て형

동사의 기본형에 '– て(하고, 해서)'를 붙일 때에 음편 현상이 일어난다. 음편(音便)이란 음을 편하게 하는 만드는 현상으로 I그룹 동사에서만 일어나며 다음과 같이 접속한다.

I 그룹 동사 – 종류에 따라 활용법이 다르다.

이음편(イ音便) : –く → –いて、–ぐ → –いで

• 書(か)く → 書(か)いて　• 急(いそ)ぐ → 急(いそ)いで

발음편(撥音便) : –ぬ、–む、–ぶ → –んで

• 死(し)ぬ → 死(し)んで　• 飲(の)む → 飲(の)んで　• 遊(あそ)ぶ → 遊(あそ)んで

촉음편(促音便) : –う、–つ、–る → –って

• 言(い)う → 言(い)って　• 立(た)つ → 立(た)って　• 送(おく)る → 送(おく)って

* **예외 촉음편** : 行く → 行って

그 밖의 동사 : –す → –して

• 話(はな)す → 話(はな)して

II 그룹 동사 – 어미를 떼고 '-て'를 붙인다.

• 起(お)きる → 起(お)きて　• 始(はじ)める → 始(はじ)めて

III 그룹 동사 – 불규칙 활용

• 来(く)る → 来(き)て　• する → して

2. '－て'의 여러 가지 용법

동사의 기본형에 '－て'가 오면 다음과 같이 여러 의미로 쓰인다.

① －て－ます (순차동작, 동시동작)

순차적 동작과 동시 동작을 나타낼 때 사용한다.

- 순차동착 : 家(いえ)に 帰(かえ)って、宿題(しゅくだい)を します。
- 동시동착 : めがねを かけて、運転(うんてん)します。

② －て (이유, 원인)

이유와 원인을 나타낸다.

- 道(みち)が 込(こ)んで、会社(かいしゃ)に 遅刻(ちこく)しました。
- 雪(ゆき)が 降(ふ)って、子(こ)どもが 喜(よろこ)びました。

3. －て ください (-해 주십시오)

'-て ください' 표현은 지시, 부탁, 권유할 때 사용된다.

- 지시 : 会議(かいぎ)には 必(かなら)ず 出席(しゅっせき)して ください。
- 부탁 : すみませんが、ちょっと 手伝(てつだ)って ください。
- 권유 : どうぞ たくさん 食(た)べて ください。

새로 나온 말

(めがねを)かける : (안경을)쓰다 / 道(みち) : 길 / 込(こ)む : 막히다, 붐비다 / 遅刻(ちこく)する : 지각하다 / 雪(ゆき) : 눈 / 喜(よろこ)ぶ : 기뻐하다
出席(しゅっせき)する : 출석하다 / 手伝(てつだ)う : 도와주다

연습문제

※ 다음 1~4를 보기와 같이 바꿔 보세요.

1.

보기 言(い)う ➜ 言(い)って

① 直(なお)す ➜

② 見(み)る ➜

③ 住(す)む ➜

④ 心配(しんぱい)する ➜

2.

보기 今日(きょう) / 電車(でんしゃ)に 乗(の)る / 空港(くうこう)に 行(い)く ➜ A : 今日(きょう)は 何(なに)を しますか。 B : 電車(でんしゃ)に 乗(の)って、空港(くうこう)に 行(い)きます。

① 今夜(こんや) / 掃除(そうじ)を する / 出(で)かける ➜

② 土曜日(どようび) / 着物(きもの)を 着(き)る / 動画(どうが)を 撮(と)る ➜

③ 今日(きょう)の 午後(ごご) / 美容室(びようしつ)に 行(い)く / 髪(かみ)を 切(き)る ➜

④ 日曜日(にちようび) / 留学生(りゅうがくせい)に 会(あ)う / ソウルの 案内(あんない)を する ➜

새로 나온 말

言(い)う : 말하다 / 空港(くうこう) : 공항 / 今夜(こんや) : 오늘 밤 / 着物(きもの) : 기모노(일본 전통의상) / 動画(どうが) : 동영상 / 午後(ごご) : 오후
美容室(びようしつ) : 미용실 / 髪(かみ) : 머리카락 / 案内(あんない) : 안내

3.

> **보기** 事故(じこ)が ある / 道(みち)が 込(こ)む ➜ 事故が あって、道が 込みました。

① 遅(おそ)くまで 働(はたら)く / 疲(つか)れる ➜

② パソコンが 壊(こわ)れる / 困(こま)る ➜

③ けがを する / 病院(びょういん)に 行(い)く ➜

④ 道(みち)を 間違(まちが)える / 約束(やくそく)の 時間(じかん)に 遅(おく)れる ➜

4.

> **보기** ここに 電話番号(でんわばんごう)を 書(か)く
> ➜ A : すみませんが、ここに 電話番号を 書いて ください。
> B : いいですよ。

① 少(すこ)し 待(ま)つ ➜

② 窓(まど)を 開(あ)ける ➜

③ 駅(えき)まで 迎(むか)えに 来(く)る ➜

④ この 問題(もんだい)を 教(おし)える ➜

새로 나온 말

事故(じこ) : 사고 / 疲(つか)れる : 피곤하다 / 壊(こわ)れる : 고장 나다 / 困(こま)る : 곤란하다 / けがを する : 다치다
間違(まちが)える : 잘못 알다 / 約束(やくそく) : 약속 / 迎(むか)える : 맞이하다

일본전통공예

전통 공예품은 예로부터 내려온 기술을 이용해 만든 제품을 말한다. 주로 일용품으로 사용되며, 그 기술은 일본 제조의 원점이라고도 할 수 있다. 그 중에서도, 경제 산업 대신이 정하는 아래의 5가지 기준을 충족한 것은「전통적 공예품」으로서 국가로부터 인정받고 있다.

· 주로 일상생활에 사용되는 것
· 제조 과정의 주요 부분이 수제인 것
· 전통적인 기술 또는 기법으로 제조되는 것
· 전통적으로 사용되어 온 원재료가 주요 원재료로 사용되는 것
· 일정한 지역에서 적지 않은 수의 사람이 그 제조에 종사하여 지역 산업을 형성하고 있는 것

2023년에는 약 240개 품목이 '전통 공예품'으로 지정되어 있으며, 일본 전국에 존재하고 있다. 제일 많은 전통 공예품을 보유하고 있는 것은 도쿄로 42개 품목이다.

コンビニで 買(か)い物(もの)を して います

9과

학습내용

1. -ています(-하고 있습니다)
2. まだ -て いません(아직 –하지 않았습니다)

일본 대중문화 소개

일식-와쇼쿠

한줄포인트

1. コンビニで 買(か)い物(もの)を して います。

2. 休(やす)みの 日(ひ)は いつも 絵(え)を 描(か)いて います。

3. レポートは まだ 出(だ)して いません。

기본 회화

① A：パクさんは どこですか。

B：図書館(としょかん)で 本(ほん)を 探(さが)して います。

② A：休(やす)みの 日(ひ)は いつも 何(なに)を して いますか。

B：たいてい 友(とも)だちと バスケを して います。

③ A：桜(さくら)は 咲(さ)きましたか。

B1：はい、もう 咲(さ)きました。

B2：いいえ、まだ 咲(さ)いて いません。

새로 나온 말

して います：하고 있습니다 / 描(か)く：그리다 / まだ：아직 / 出(だ)して いません：제출하지 않았습니다
探(さが)す：찾다 / たいてい：대개 / バスケ：농구 / 桜(さくら)：벚꽃 / もう：벌써 / 咲(さ)く：피다

문법 포인트

1. －て います (–하고 있습니다)

동사의 '-て'형에 'います'를 연결하여 현재 진행이나 습관 등을 나타낸다.

▶ 현재 진행

- 今(いま)、みかんを 食(た)べて います。
- 飛行機(ひこうき)が 空(そら)を 飛(と)んで います。

▶ 습관

- おばは 銀行(ぎんこう)に 勤(つと)めて います。
- おじは 毎日(まいにち) お酒(さけ)を 飲(の)んで います。

'-て いる' 표현에는 그 외에도 다음과 같은 용법이 있다.

① 결과의 지속

- コップに 水(みず)が 入(はい)って います。
- 夫(おっと)は めがねを かけて います。

② 현재의 상태

- 娘(むすめ)は 妻(つま)に 似(に)て います。
- 息子(むすこ)は やせて います。⇔ 太(ふと)って います。

참고 : かけるの 여러 가지 뜻

- めがねを かける 안경을 쓰다
- 絵(え)を かける (벽에) 그림을 걸다
- ソースを かける 소스를 뿌리다
- かぎを かける 문을 잠그다
- 電話(でんわ)を かける 전화를 걸다
- いすに 腰(こし)を かける 의자에 앉다
- 心配(しんぱい)を かける 걱정을 끼치다
- 布団(ふとん)を かける 이불을 덮다

2. まだ -て いません (아직 -하지 않았습니다)

일본어에서는 어떤 행동이 아직 완료되지 않은 상태를 'まだ -て いません' 표현으로 나타낸다. 우리말에서 과거형으로 표현하는 것과 다르다.

A : 切符(きっぷ)は もう 買(か)いましたか。

B : いいえ、まだ 買(か)って いません。

A : あの 小説(しょうせつ)は もう 読(よ)みましたか。

B : いいえ、まだ 読(よ)んで いません。

새로 나온 말

空(そら) : 하늘 / 飛(と)ぶ : 날다 / おば : 이모, 고모 / 勤(つと)める : 근무하다 / おじ : (외)삼촌 / 夫(おっと) : 남편 / 娘(むすめ) : 딸
妻(つま) : 아내 / 似(に)る : 닮다 / 息子(むすこ) : 아들 / やせる : 살이 빠지다 / 太(ふと)る : 살찌다 / 切符(きっぷ) : 표

연습문제

※ 다음 1~4를 보기와 같이 바꿔 보세요.

1.

보기 踊(おど)る ➜ 踊(おど)って います

① 遊(あそ)ぶ ➜

② 走(はし)る ➜

③ 集(あつ)める ➜

④ 出張(しゅっちょう)する ➜

2.

보기 木村(きむら)さん / 玄関(げんかん)で くつを はく ➜ A : 鈴木(すずき)さんは どこですか。 B : 玄関(げんかん)で くつを はいて います。

① イムさん / 台所(だいどころ)で 皿(さら)を 洗(あら)う ➜

② 木村(きむら)さん / 庭(にわ)で 花(はな)を 植(う)える ➜

③ 上田(うえだ)さん / 部屋(へや)で ギターを 弾(ひ)く ➜

④ キムさん / 浴室(よくしつ)で シャワーを 浴(あ)びる ➜

새로 나온 말

はく : 신다 / 皿(さら) : 접시 / 洗(あら)う : 씻다 / 植(う)える : 심다 / ギター : 기타 / 弾(ひ)く : (피아노, 기타 등을) 치다 / 浴室(よくしつ) : 욕실
シャワーを 浴(あ)びる : 샤워를 하다

3.

> **보기** 日曜日(にちようび) / 教会(きょうかい)で 過(す)ごす ➜ 日曜日(にちようび)は たいてい 教会(きょうかい)で 過(す)ごして います。

① 暇(ひま)な 時(とき) / テレビを 見(み)る ➜

② 雨(あめ)の 日(ひ) / 好(す)きな 音楽(おんがく)を 聞(き)く ➜

③ 休(やす)みの 日(ひ) / スポーツを 楽(たの)しむ ➜

④ 授業(じゅぎょう)が ない 日(ひ) / 家(いえ)で ごろごろする ➜

4.

> **보기** チェさん / 来(く)る ➜ A：チェさんは 来(き)ましたか。
>
> B1：はい、もう 来(き)ました。
>
> B2：いいえ、まだ 来(き)て いません。

① 風邪(かぜ) / 治(なお)る ➜

② 名前(なまえ) / 決(き)める ➜

③ レポート / 終(お)わる ➜

④ 飛行機(ひこうき)の 予約(よやく) / する ➜

새로 나온 말

教会(きょうかい)：교회 / 過(す)ごす：지내다 / ごろごろする：빈둥거리다 / 楽(たの)しむ：즐기다 / 予約(よやく)：예약 / 風邪(かぜ)：감기
治(なお)る：낫다 / 名前(なまえ)：이름 / 決(き)める：결정하다

일본문화소개

일식-와쇼쿠

일본의 음식문화는 각지의 풍토와 시대의 변화에 맞추어 발전하여 현재까지 이어져 오고 있다. 2013년에는 일본인의 전통 음식문화인 일식은 유네스코 무형문화유산으로 등재되었다.

일식은 제철 채소와 생선 등의 재료를 사용하여 조리된 반찬과 흰쌀, 국, 절임을 조합한 식사를 말한다.

일식의 기본은 한 국물 세 채소(一汁三菜)이다. 일본에서는 균형 잡힌 식사를 할 수 있도록 국과 세 가지 채소를 준비하는 문화가 있다. 국은 된장국이나 맑은 국물 등의 국을 가리키고, 세 가지는 반찬을 말한다. 또 생선이나 고기를 이용한 주 반찬을 '주채', 나물이나 무침 등 곁 반찬은 '부채'라고 한다. 절임은 반찬으로 세지 않는다. 절임 이외의 반찬을 3가지 이상 갖춘다. 일본인의 주식인 백미에 국과 세 채소를 조합하면 기본 일식이 완성된다. 또한 소바나 초밥 등 국과 세 채소라는 기본과는 외형이 다르지만 일식으로 분류되는 요리도 있다.

ここで写真(しゃしん)を撮(と)っても いいですか

10과

학습내용
1. 허가 표현 : -ても いいですか
2. 금지 표현 : -ては いけません
3. 완료 표현 : -て しまいました
4. 기본형+ことが できます(-할 수 있습니다)
5. 조사 정리

일본 대중문화 소개
오미야게 문화

한줄포인트

1. ここで 写真(しゃしん)を 撮(と)っても いいですか。

2. 約束(やくそく)の 時間(じかん)に 遅(おく)れて しまいました。

3. 自転車(じてんしゃ)に 乗(の)る ことが できます。

기본 회화

① A : ここに 座(すわ)っても いいですか。

B1 : はい、座(すわ)っても いいです。

B2 : いいえ、座(すわ)っては いけません。

② A : 道(みち)は 分(わ)かりましたか。

B : いいえ、間違(まちが)えて しまいました。

③ A : 納豆(なっとう)を 食(た)べる ことが できますか。

B1 : はい、食(た)べる ことが できます。

B2 : いいえ、食(た)べる ことが できません。

새로 나온 말

借(か)りても いいですか : 빌려도 됩니까? / 遅(おく)れて しまいました : 늦어 버렸습니다
乗(の)る ことが できます : 탈 수 있습니다 / 座(すわ)る : 앉다 / 座(すわ)っては いけません : 앉아서는 안 됩니다
分(わ)かる : 알다 / 間違(まちが)える : 틀리다 / 納豆(なっとう) : 낫토 (일본 음식의 하나) / 食(た)べることが できません : 먹을 수 없습니다

문법 포인트

1. 허가 표현 : －ても いいですか

'-해도 됩니까?'의 뜻으로, 상대방에게 허가를 요구하는 표현이다.

• 電気(でんき)を つけても いいですか。

• お土産(みやげ)を 買(か)っても いいですか。

2. 금지 표현 : －ては いけません

'-해서는 안 됩니다'의 뜻으로, 금지를 나타내는 표현이다.

• 廊下(ろうか)を 走(はし)っては いけません。

• 博物館(はくぶつかん)で 写真(しゃしん)を 撮(と)っては いけません。

3. 완료 표현 : －て しまいました

'-해 버렸습니다'의 뜻으로, 완료를 나타내는 표현이다. 아쉬운 마음을 나타낼 때 쓰기도 한다.

• 手帳(てちょう)を 落(お)として しまいました。

• 友(とも)だちが 先(さき)に 行(い)って しまいました。

4. 기본형＋ことが できます (-할 수 있습니다)

모든 동사에 사용할 수 있는 가능표현으로 こと 앞에는 동사의 기본형을 붙인다.

• バイオリンを 弾(ひ)く ことが できます。

• 日本語(にほんご)の 漢字(かんじ)を 読(よ)む ことが できます。

5. 조사 정리

	뜻	예문
は	~은/는	趣味(しゅみ)は 何(なん)ですか。
も	~도	山田(やまだ)さんも 銀行員(ぎんこういん)ですか。
の	~의 (소유)	私(わたし)の ペンです。
	~의 (속성)	白(しろ)の ぼうしです。
	~인 (동격)	社長(しゃちょう)の パクさんです。
	~의 것	その かさは 中村(なかむら)さんのです。
が	~이/가	あそこが 郵便局(ゆうびんきょく)です。
	~지만/~다만	少(すこ)し 大(おお)きいですが、軽(かる)いです。
と	~와/과	犬(いぬ)と 一緒(いっしょ)に 遊(あそ)びました。
を	~을/를	この 本(ほん)を 二冊(にさつ) ください。
へ	~로/~에 (방향)	昨日(きのう) 図書館(としょかん)へ 行(い)きました。
に	~에 (도착지)	日本(にほん)に 旅行(りょこう)します。
	~에 (시간)	毎朝(まいあさ) 6時(じ)に うちを 出(で)ます。
	~에 (상대)	友(とも)だちに 電話(でんわ)を かけます。
	~하러 (목적)	デパートへ 買(か)い物(もの)を しに 行(い)きました。
で	~에서 (장소)	公園(こうえん)で お弁当(べんとう)を 食(た)べます。
	~로 (수단/방법)	タクシーで 行(い)きます。/ 英語(えいご)で 話(はな)します。
	기타	みんなで 映画(えいが)を 見(み)ました。(다 같이)
		一日(いちにち)で 読(よ)んで しまいました。(하루 만에)
から	~부터 (시작 시점)	昼休(ひるやす)みは 何時(なんじ)からですか。
	~에서 (시작 지점)	ソウルから 来(き)ました。
	~때문에 (이유)	暑(あつ)いから、エアコンを つけます。
まで	~까지 (끝나는 시점이나 지점)	店(みせ)は 午後(ごご) 9時(じ)までです。

새로 나온 말

電気(でんき) : 전등, 전기 / つける : 켜다 / お土産(みやげ) : (여행) 선물 / 廊下(ろうか) : 복도 / 博物館(はくぶつかん) : 박물관 / 手帳(てちょう) : 수첩
落(お)とす : 떨어뜨리다 / 先(さき)に : 먼저 / バイオリン : 바이올린

연습문제

※ 다음 1~4를 보기와 같이 바꿔 보세요.

1.

보기	飾(かざ)る ➜ 飾(かざ)っても いいですか

① 書(か)く ➜

② 呼(よ)ぶ ➜

③ 開(あ)ける ➜

④ 欠席(けっせき)する ➜

2.

보기	ここで 釣(つ)りを する	➜ A：ここで 釣(つ)りを しても いいですか。 B1：はい、しても いいです。 B2：いいえ、しては いけません。

① この 水(みず)を 飲(の)む ➜

② ここで たばこを 吸(す)う ➜

③ 店(みせ)の 前(まえ)に 車(くるま)を 止(と)める ➜

④ ここに ポスターを 貼(は)る ➜

새로 나온 말

飾(かざ)る：장식하다, 꾸미다 / 欠席(けっせき)する：결석하다 / 釣(つ)り：낚시 / 水(みず)：물 / たばこ：담배 / 吸(す)う：피우다
止(と)める：세우다, 멈추다 / ポスター：포스터 / 貼(は)る：붙이다

3.

> **보기** 日傘(ひがさ)を なくす ➜ <u>日傘を なくして</u> しまいました。

① お金(かね)を 全部(ぜんぶ) 使(つか)う ➜

② 野球(やきゅう)の 試合(しあい)に 負(ま)ける ➜

③ 大事(だいじ)な 書類(しょるい)を 忘(わす)れる ➜

④ 思(おも)い出(で)の 手紙(てがみ)を 捨(す)てる ➜

4.

> **보기** 日本料理(にほんりょうり)を 作(つく)る ➜ A : <u>日本料理を 作る</u> ことが できますか。
> B1 : はい、<u>作(つく)る</u> ことが できます。
> B2 : いいえ、<u>作(つく)る</u> ことが できません。

① 海(うみ)で 泳(およ)ぐ ➜

② 車(くるま)を 運転(うんてん)する ➜

③ 高(たか)い 所(ところ)に 登(のぼ)る ➜

④ 英語(えいご)の ニュースを 聞(き)き取(と)る ➜

새로 나온 말

日傘(ひがさ) : 양산 / なくす : 잃다 / 全部(ぜんぶ) : 모두 / 負(ま)ける : 지다 / 書類(しょるい) : 서류 / 思(おも)い出(で) : 추억 / 手紙(てがみ) : 편지
捨(す)てる : 버리다 / 聞(き)き取(と)る : 알아듣다

오미야게 문화

일본에는 독특한 선물 문화가 존재한다. 예컨대 여행이나 출장을 다녀올 때 친분이 있는 사람들에게 그 지방의 특산물을 사와서 건넨다거나 남의 집을 방문할 때 빈손으로 가지 않고 비싸지 않으면서도 실용적인 선물을 하는 풍습이 있다. 이러한 선물을 '오미야게(お土産)'라고 하며, 지역별로 유명한 먹거리, 과자, 차, 술, 전통 공예품 등이 이에 해당한다. 대표적인 '오미야게'로는 도쿄의 도쿄바나나(東京ばな奈), 교토의 야쓰하시(八つ橋), 홋카이도의 시로이 코이비또(白い恋人), 히로시마의 모미지만쥬(もみじ饅頭), 나가사키 카스테라 등이 있다. 선물 포장 문화도 발달하여 있어 시각적인 즐거움을 안겨다 준다. 한편 설이나 오본(お盆)과 같은 명절, 또는 결혼식이나 장례식을 마친 후 건네는 선물은 오쿠리모노(贈り物)라고 하며, 생일이나 입학식 또는 졸업식 때 주는 선물은 프레젠트(present)라고 하여 구분하여 부른다.

浴衣(ゆかた)を 着(き)た ことが ありますか

11과

학습내용

1. -た형(과거형)
2. -た ことが あります (-한 적이 있습니다)
3. 동사 기본형 / 명사+の + 前(まえ)に
4. 동사 た형 / 명사+の + 後(あと)で

일본 대중문화 소개

유카타

한줄포인트

1. 浴衣(ゆかた)を 着(き)た ことが ありますか。

2. 家(いえ)を 出(で)る 前(まえ)に 新聞(しんぶん)を 読(よ)みます。

3. 試験(しけん)が 終(お)わった 後(あと)で 打(う)ち上(あ)げを します。

기본 회화

① A : お金(かね)を 借(か)りた ことが ありますか。

B : はい、一度(いちど) あります。

② A : 寝(ね)る 前(まえ)に 何(なに)を しますか。

B : お風呂(ふろ)に 入(はい)ります。

③ A : テレビを 見(み)た 後(あと)で 何(なに)を しますか。

B : 洗濯(せんたく)を します。

새로 나온 말

浴衣(ゆかた) : 유카타(여름에 입는 일본 전통의상) / 着(き)た ことが ありますか : 입은 적이 있습니까?
出(で)る 前(まえ)に : 나오기 전에 / 終(お)わった 後(あと)で : 끝난 후에 / 打(う)ち上(あ)げ : 뒤풀이 / お風呂(ふろ)に 入(はい)る : 목욕하다

문법 포인트

1. －た형 (과거형)

-た형은 8과에서 배운 -て형과 활용 방법이 같다.

Ⅰ 그룹 동사 － 종류에 따라 활용법이 다르다.

이음편(イ音便) : －く → －いた 、－ぐ → －いだ

• 泣(な)く → 泣(な)いた • 脱(ぬ)ぐ → 脱(ぬ)いだ

발음편(撥音便) : －ぬ、－む、－ぶ → －んだ

• 死(し)ぬ → 死(し)んだ • 住(す)む → 住(す)んだ • 運(はこ)ぶ → 運(はこ)んだ

촉음편(促音便) : －う、－つ、－る → －った

• 笑(わら)う → 笑(わら)った • 勝(か)つ → 勝(か)った • 困(こま)る → 困(こま)った

*** 예외 촉음편** : 行く → 行った

그 밖의 동사 : －す → －した

• 返(かえ)す → 返(かえ)した

Ⅱ 그룹 동사 － 어미를 떼고 '-た'를 붙인다.

• 着(き)る → 着(き)た • 考(かんが)える → 考(かんが)えた

Ⅲ 그룹 동사 － 불규칙 활용

• 来(く)る → 来(き)た • する → した

2. –た ことがあります (–한 적이 있습니다)

과거의 경험을 나타낸다.

- 動物を 飼った ことが あります。
- 中国の お酒を 飲んだ ことが あります。

3. 동사 기본형 / 명사 の + 前に

'-하기 전에'의 뜻으로, 동사의 기본형 또는 명사에 の를 붙여 前に에 연결한다.

- 外出する 前に、服を 着替えます。
- 旅行の 前に、ホテルを 予約します。

4. 동사 た형 / 명사 の + 後で

'-한 후에'의 뜻으로, 동사의 기본형 또는 명사에 の를 붙여 後で에 연결한다.

- コーヒーを 飲んだ 後で、少し 休みます。
- 朝ご飯の 後で、散歩を します。

새로 나온 말

泣く : 울다 / 脱ぐ : 벗다 / 運ぶ : 운반하다 / 笑う : 웃다 / 返す : 돌려주다 / 考える : 생각하다 / 温泉 : 온천
飼う : 기르다 / 外出 : 외출 / 着替える : 갈아입다

연습문제

※ 다음 1~4를 보기와 같이 바꿔 보세요.

1.

보기 間違(まちが)える ➜ 間違(まちが)えた ことが あります

① 読(よ)む ➜

② 通(かよ)う ➜

③ 遅(おく)れる ➜

④ 遅刻(ちこく)する ➜

2.

보기 宝(たから)くじに 当(あ)たる / 一度(いちど) ある ➜ A : 宝(たから)くじに 当(あ)たった ことが ありますか。 B : はい、一度(いちど) あります。

① 相撲(すもう)を 見(み)る / 何度(なんど)も ある ➜

② 芸能人(げいのうじん)に 会(あ)う / 何度(なんど)か ある ➜

③ テレビに 出(で)る / 一度(いちど)も ない ➜

④ 地震(じしん)を 経験(けいけん)する / 全然(ぜんぜん) ない ➜

새로 나온 말

宝(たから)くじ : 복권 / 当(あ)たる : 당첨되다 / 一度(いちど) : 한 번 / 相撲(すもう) : 스모(일본 전통 스포츠 중 하나) / 何度(なんど)も : 몇 번이나
芸能人(げいのうじん) : 연예인 / 経験(けいけん)する : 경험하다 / 全然(ぜんぜん) : 전혀

3.

보기 出かける / 電気を 消す ➜ A：<u>出かける</u> 前に <u>電気を 消し</u>ます。

① 薬(くすり)を 飲(の)む / 何(なに)か 食(た)べる ➜

② 国(くに)へ 帰(かえ)る / お土産(みやげ)を 買(か)う ➜

③ 授業(じゅぎょう) / 予習(よしゅう)を する ➜

④ パーティー / 皿(さら)を 並(なら)べる ➜

4.

보기 銀行に 行く / 買い物を する ➜ A：<u>銀行に 行った</u> 後で 何を しますか。 B：<u>買い物を し</u>ます。

① 家(いえ)に 帰(かえ)る / 手(て)を 洗(あら)う ➜

② 海(うみ)で 泳(およ)ぐ / 旅館(りょかん)で 休(やす)む ➜

③ 食事(しょくじ) / 歯(は)を 磨(みが)く ➜

④ 運動(うんどう) / シャワーを 浴(あ)びる ➜

새로 나온 말

消(け)す：끄다 / 国(くに)：나라, 고향 / 予習(よしゅう)：예습 / 並(なら)べる：진열하다, 나열하다 / 手(て)：손 / 旅館(りょかん)：여관 / 歯(は)：이 / 磨(みが)く：닦다

일본 문화 소개

유카타

옛날 귀족들이 목욕할 때 착용했던 옷이 그 원형으로 맨살 위에 입는다. 현대에는 하절기에 입는 세련된 아이템의 하나가 되어 있으며, 여성용 유카타에는 무늬나 색이 화려한 것이 많다.

요즈음에는 주로 불꽃놀이나 마츠리 등 여름 행사 때에 입는다. 레스토랑이나 놀이공원 · 테마파크, 스포츠 경기 등에서는 유카타를 착용하고 방문하면 특전을 받기도 한다.

여관이나 호텔에는 간소화한 유카타가 잠옷으로 사용된다. 원래 실내복이기 때문에 시티호텔 등에서는 유카타를 입고 공용부로 나가는 것은 비상식적이다. 하지만 온천지의 온천 숙소나 호텔 등에서는 전통적으로 유카타를 입은 채 관내 시설을 이용하거나 인근에 외출하는 것은 문제가 없다고 여겨지고 있다.

유카타는 여자도 남자도 '옷깃의 왼쪽이 위에 오게' 입는다. 유카타를 앞에서 겹칠 때 오른쪽을 '먼저' 정리하여 왼쪽이 앞이 되게 한다. 옷깃에 오른손이 들어간다고 기억하면 된다.

公園(こうえん)を 歩(ある)いたり、山(やま)に 登(のぼ)ったり します

12과

학습내용
1. -たり -たり します(-하거나 –하거나 합니다) 2. -た ばかりです(막 –했습니다) 3. 부정 표현 : -ない형(-지 않는다) 4. -ないで ください(-하지 말아 주세요)
일본 대중문화 소개
와가시(和菓子)

한줄포인트

1. 公園(こうえん)を 歩(ある)いたり、山(やま)に 登(のぼ)ったり します。

2. この 車(くるま)は 去年(きょねん) 買(か)った ばかりです。

3. ここに 自転車(じてんしゃ)を 置(お)かないで ください。

기본 회화

① A : 暇(ひま)な 時(とき)は 何(なに)を して 過(す)ごしますか。

B : 昼寝(ひるね)を したり、猫(ねこ)と 遊(あそ)んだり します。

② A : いつ 日本(にほん)に 来(き)ましたか。

B : 先月(せんげつ)、来(き)た ばかりです。

③ A : 窓(まど)を 閉(し)めても いいですか。

B : 暑(あつ)いから、閉(し)めないで ください。

새로 나온 말

歩(ある)いたり : 걷거나 / 登(のぼ)ったり します : 오르거나 합니다 / 買(か)った ばかりです : 막 샀습니다
置(お)かないで ください : 두지 말아 주세요 / 昼寝(ひるね)を する : 낮잠을 자다 / 閉(し)める : 닫다

문법 포인트

1. −たり−たり します (−하거나 −하거나 합니다)

11과에서 배운 た형에 연결하여 두 가지 이상의 상황을 나열할 때 쓴다.

• 最近、雨が 降ったり やんだりします。

• 友だちと よく 映画を 見たり プールに 行ったりします。

2. −た ばかりです (막 −했습니다)

어떤 일이 막 완료되었음을 나타낼 때 쓰는 표현이다.

• アルバイトは 先週 始めた ばかりです。

• この 家は 去年の 秋 建てた ばかりです。

3. 부정 표현 : −ない형 (−지 않는다)

'-ない'는 부정을 나타내는 조동사이며, 단독으로 사용되는 'ない(없다)'와는 구별된다.

I 그룹 동사 −어미를 あ단으로 바꾼 후 -ない형을 붙인다. 단, 'う'로 끝나는 동사는 'わ'로 바꾸고 'ない'를 붙인다.

• 頼む → 頼まない　• 太る → 太らない　• 違う → 違わない

II 그룹 동사 −어미를 떼고, -ない형을 붙인다.

• 浴びる → 浴びない　• 植える → 植えない

III 그룹 동사 −불규칙 활용

- 来(く)る → 来(こ)ない ・する → しない

4. −ないで ください (−하지 말아 주십시오)

ない형에 접속하여 어떤 행동을 하지 않도록 부탁할 때 쓴다.

- 映画館(えいがかん)では 写真(しゃしん)を 撮(と)らないで ください。
- あまり 無理(むり)を しないで ください。

새로 나온 말

やむ : (비, 바람이)멈추다 / プール : 풀장 / 始(はじ)める : 시작하다 / 秋(あき) : 가을 / 建(た)てる : 세우다 / 頼(たの)む : 부탁하다 / 違(ちが)う : 틀리다 / 植(う)える : 심다 / 無理(むり) : 무리

연습문제

※ 다음 1~4를 보기와 같이 바꿔 보세요.

1.

> **보기** 降(ふ)る ➜ 降(ふ)らない

① 泳(およ)ぐ ➜

② 並(なら)ぶ ➜

③ 借(か)りる ➜

④ 出発(しゅっぱつ)する ➜

2.

> **보기** 日曜日(にちようび) / 部屋(へや)を 片付(かたづ)ける / 買(か)い物(もの)に 出(で)かける
>
> ➜ A : 日曜日(にちようび)は 何(なに)を して 過(す)ごしますか。
>
> B : 部屋(へや)を 片付(かたづ)けたり、買(か)い物(もの)に 出(で)かけたり します。

① 暇(ひま)な 時(とき) / 漫画(まんが)を 読(よ)む / 音楽(おんがく)を 聞(き)く ➜

② 冬休(ふゆやす)み / 旅行(りょこう)を する / 塾(じゅく)に 通(かよ)う ➜

③ 連休(れんきゅう) / 京都(きょうと)で 着物(きもの)を 着(き)る / 和菓子(わがし)を 作(つく)る ➜

④ クリスマス / 演劇(えんげき)を 見(み)る / 夜景(やけい)を 楽(たの)しむ ➜

새로 나온 말

呼(よ)ぶ : 부르다 / 並(なら)ぶ : 줄을 서다 / 片付(かたづ)ける : 치우다 / 通(かよ)う : 다니다 / 和菓子(わがし) : 화과자 / クリスマス : 크리스마스
演劇(えんげき) : 연극 / 夜景(やけい) : 야경

3.

보기 さっき / 洗濯(せんたく)を する ➜ さっき 洗濯(せんたく)を した ばかりです。

① おととい / 髪(かみ)を 切(き)る ➜

② 先週(せんしゅう) / スマホを 買(か)う ➜

③ 今年(ことし)の 春(はる) / 卒業(そつぎょう)する ➜

④ 3カ月前(かげつまえ) / 会社(かいしゃ)に 入(はい)る ➜

4.

보기 パソコンを 消(け)す / まだ 使(つか)う ➜ A : パソコンを 消(け)しても いいですか。

B : まだ 使(つか)うから、消(け)さないで ください。

① お風呂(ふろ)に 入(はい)る / 熱(ねつ)が ある ➜

② ここで たばこを 吸(す)う / 禁煙(きんえん)だ ➜

③ ここに ごみを 捨(す)てる / 店(みせ)の 前(まえ)だ ➜

④ ここで サッカーを する / 人(ひと)が 通(とお)る ➜

새로 나온 말

さっき : 조금 전 / スマホ : 스마트폰 / 卒業(そつぎょう) : 졸업 / 春(はる) : 봄 / 3ヶ月前(かげつまえ) : 3개월 전 / 熱(ねつ) : 열 / 禁煙(きんえん) : 금연
ごみ : 쓰레기 / 通(とお)る : 지나다

와가시(和菓子)

화과자는 일본의 전통 과자를 말한다. 화과자는 생과자와 건과자로 나뉜다.

메이지 시대 이후 유럽 등지에서 새롭게 일본으로 들어온 양과자에 대한 말로 떡과자, 양갱, 만두, 모나카, 라쿠간, 전병 등이 포함된다. 또한 견당사가 가져온 당과자, 근세에 스페인 · 포르투갈 · 네덜란드에서 가져와 일본에서 독자적으로 발전한 남만과자도 화과자의 일종으로 취급된다.

화과자는 양과자에 비해 유지나 향신료, 유제품을 사용하는 경우가 적고 쌀 · 보리 등의 곡류, 팥 · 콩 등의 콩류, 갈분 등의 전분 및 설탕을 주원료로 한 것이 많은 것이 특징이다. 특히 콩류를 가공하여 만드는 팥이 중요한 요소가 되는 것이 많다.

일반적으로 녹차에 곁들이는 것을 목적으로 만들어져 일상적인 과자로서 사랑받고 있을 뿐만 아니라 다도와의 관계도 깊다. 기타 각종 연중행사나 경조사 답례품 등에도 이용된다.

사계절과의 유대감이 강한 것도 특징의 하나로, 특히 상생과자라고 불리는 고급 생과자에서는 각종 제조법을 구사하여 맛뿐만 아니라 시각적 아름다움이 풍부한 계절감을 표현하고 있다.

임태균(任苔均)

니혼대학 석사(국제관계학)
오사카대학 박사(비교문학)
현 성결대학교 글로벌물류학부 교수

이시윤(李施昀)

일본오차노미즈여자대학 석사 및 박사(비교문화학박사)
현 성결대학교 글로벌물류학부 교수

아이자와 유카(相澤由佳)

고려대학교 교육대학원 일어교육전공 석사(교육학)
고려대학교 일어일문학과 박사과정 수료
현 성결대학교 글로벌물류학부 조교수

실력 탄탄 일본어

초판 1쇄 발행 _ 2023년 8월 31일

저　자 · 임태균 · 이시윤 · 아이자와 유카
발행인 · 정 현 걸
발　행 · 신 아 사
인　쇄 · 토탈프로세스 / 한승
주　소 · 서울특별시 은평구 통일로 59길 4 (2F)
전　화 · (02) 382-6411　팩스 · (02) 382-6401
홈페이지 · www.shinasa.co.kr
E-mail · shinasa@daum.net
출판등록 · 1956년 1월 5일 (제 9-52호)

ISBN 979-11-92428-95-6 (93730)

정가 15,000원